LE CERCLE CATHOLIQUE

DES

ÉTUDIANTS DE PARIS

(Cercle du Luxembourg)

18, rue du Luxembourg, 18

LE
CERCLE CATHOLIQUE

DES

ÉTUDIANTS DE PARIS

(CERCLE DU LUXEMBOURG)

18, rue du Luxembourg, 18

I. — LE CERCLE CATHOLIQUE DES ÉTUDIANTS
(SON BUT, SON ORGANISATION)

Par M. B. TERRAT

Commandeur de Saint-Grégoire le Grand,
Président du Cercle.

II. — L'ŒUVRE SOCIALE DES MEMBRES DU CERCLE

Par M. l'Abbé FONSSAGRIVES

Chanoine honoraire de Chartres, Aumônier du Cercle.

PARIS

F. LEVÉ, IMPRIMEUR DE L'ARCHEVÊCHÉ

RUE CASSETTE, 17

—

1894

LE
CERCLE CATHOLIQUE

DES

ÉTUDIANTS DE PARIS

Son But. — Son Organisation (1).

Vous connaissez tous l'œuvre de M. Beluze, le Cercle catholique des étudiants de Paris (Cercle du Luxembourg). Il y a quelques années déjà, quand la mort vint ravir M. Beluze à notre profonde affection, il nous sembla qu'il en était fait de son œuvre, tant il la personnifiait et la résumait en lui. Et tous, songeant douloureusement au vide immense que cette perte allait causer, disaient dans l'amertume de leur cœur : Ah ! ces hommes-là ne devraient jamais mourir! Dieu en avait décidé autrement.

Puis, le premier moment de stupeur une fois passé, on s'aperçut qu'il fallait à tout

(1) Ce rapport est la reproduction du discours prononcé par M. Terrat à l'Assemblée générale des catholiques de France.

prix continuer cette œuvre, sous peine d'un grand dommage pour le monde des âmes. D'ailleurs, nous avions la ferme conviction que son fondateur était un saint, et les œuvres créées par les saints, phénomène étrange aux yeux du monde, prennent presque toujours un subit et magnifique développement après leur mort. Ce contraste s'explique facilement pour nous chrétiens. Le saint fondateur a supporté lui-même, durant sa vie, tout le poids du jour; il a été éprouvé par les tracas, les difficultés, les luttes incessantes, les obstacles accumulés, les douleurs inconsolables; puis, à sa mort, Dieu le récompense dans son œuvre de toutes les épreuves qu'il lui a envoyées, et ses successeurs, tout indignes qu'ils peuvent être, n'ont plus qu'à récolter la moisson qui germait dans la terre arrosée des sueurs de celui qui l'avait semée.

Encouragés par Son Eminence, Mgr l'Archevêque de Paris, notre président d'honneur, nous n'avons pas désespéré. Nous avons compris, comme je l'ai dit ailleurs, qu'une seconde période allait commencer pour notre chère association. Jusque-là l'œuvre s'était identifiée avec M. Beluze; il fallait l'organiser désormais, se partager la tâche, se mettre plusieurs pour en remplacer un seul, assurer à notre Cercle une vie indépendante de tel ou tel homme, le constituer de façon qu'il pût vivre de sa propre vie. En un mot, l'ouvrier avait personnifié l'œuvre à son origine, il fallait maintenant que les ouvriers s'effaçassent devant l'œuvre. C'est là ce que nous avons essayé de faire. Voilà pourquoi je viens, aujourd'hui, vous parler de ce Cercle; il faut que vous nous aidiez dans notre tâche, que vous coopériez à cette réorganisation.

Je vais donc vous résumer brièvement ce qu'est notre association et ce qu'elle doit être, ce que nous avons fait et ce qui nous reste à faire.

Nous sommes un Cercle d'étudiants. Que ce mot ne vous effraye point cependant, Mesdames. Bien des mères ne voient dans le Cercle qu'un centre favorable aux relations équivoques, à la passion du jeu, aux habitudes de café! Plusieurs préféreraient voir leurs fils vivre isolés, livrés à eux-mêmes, plutôt que de nous les confier. Ces mères ne connaissent ni le Cercle du Luxembourg, ni les besoins du jeune homme. Nous ne venons pas, comme tant d'institutions qui portent le même nom, créer un nouveau centre pour enlever l'enfant à sa famille, pour le dissiper sous prétexte de le distraire et pour lui faire perdre le goût des joies bien meilleures du foyer. — Non, non. — Mais il y a à Paris des étudiants qui, le cœur bien gros, ont dû quitter et leurs parents et leur province, venir seuls dans la grande ville. Or la solitude est mauvaise conseillère pour la jeunesse. L'isolement, surtout l'isolement au milieu de la foule, pèse trop lourdement sur les cœurs de dix-huit ans, et la chute attend presque inévitablement celui qui n'a pas cherché de solides appuis autour de lui. Et puis, même dans vos intérieurs parisiens, les jeunes gens, à un moment donné, ont besoin d'un horizon un peu plus large que celui de la famille; ils ont soif d'amitiés de leur âge. C'est pour les uns et les autres que nous voulons constituer un milieu sain et fortifiant, qui les conserve purs et par suite dignes de celui qu'ils viennent de quitter, un nouveau foyer qui leur rappelle le premier, sans le faire oublier jamais.

Je pourrais donc résumer ainsi notre but : créer un milieu agréable puisqu'il est pour la jeunesse, un milieu pur puisqu'il est pour la jeunesse catholique; organiser un nouveau foyer qui supplée celui de la famille pour l'étudiant venu de province, qui l'élargisse pour l'étudiant dont les parents sont à Paris.

Nos moyens sont très simples aussi, il y en a trois : la prière, le travail, les distractions.

La prière, gardienne et gage de nos croyances. Dans notre Oratoire, la messe est dite chaque matin à 8 heures et le dimanche elle est suivie d'une instruction appropriée aux besoins des étudiants. Trois conférences de Saint-Vincent-de-Paul initient nos jeunes gens à l'apprentissage de la charité. Enfin, le Cercle est la pépinière où toutes les œuvres de défense sociale et de propagande religieuse, patronages, secrétariats du peuple, etc., etc., recrutent des ouvriers zélés et agissants.

Puis le travail, sans lequel l'homme ne vaudrait rien. Nous n'avons garde d'oublier que nul n'a le droit de rester oisif, et le cutholique, moins que tout autre, puisqu'il a de plus grandes causes à défendre. Nous mettons donc à la portée de nos membres toutes les facilités pour l'étude personnelle : une vaste bibliothèque; — quatre grandes salles de travail ouvertes de huit heures du matin à onze heures du soir; — des collections pour les étudiants en médecine et les élèves de sciences.

Pour faciliter le travail en commun, complément utile des efforts personnels, nous avons des conférences de toute nature : 1° des conférences correspondant à chaque groupe d'études : conférences de droit, de médecine, de sciences, de lettres, etc., et les succès obtenus dans tous les concours officiels par les membres du Cercle prouvent l'excellente organisation de ces conférences; 2° au-dessus d'elles, la conférence Ozanam, une tribune dont nous sommes fiers, où l'on traite toutes les questions sociales, historiques, littéraires, philosophiques, qui agitent notre époque. Nos jeunes orateurs y font l'apprentissage si difficile, mais si nécessaire de la parole publique. 3° Enfin, les lundis, les mercredis et les vendredis, nous ouvrons nos salons à un auditoire plus nombreux encore, à tous ceux qui s'intéressent au Cercle, même aux dames, et nous les invitons à suivre la série de conférences scientifiques et littéraires faites par des catholiques de renom et de valeur qui veulent bien nous apporter le concours de leur savoir et de leur talent.

Puis, à côté du travail, les délassements permis, nécessaires, eux aussi. Vous n'auriez qu'à pénétrer dans notre salle de journaux et revues, dans nos salles de billards et de jeux (de jeux honnêtes qui ne ruinent personne), à assister à nos soirées intimes du dimanche, à nos beaux concerts mensuels de musique classique, à nos représentations dramatiques des grands jours, à nos banquets de fin d'année, pour constater que la plus franche gaieté règne au milieu de nous et que le rire joyeux, spontané, n'est point perdu pour la jeunesse française.

Notre composition, la voici en deux mots : Nous sommes des catholiques : catholiques de nom qui portent haut leur drapeau sans honte et sans forfanterie ; catholiques de fait et d'action, qui veulent que la chose soit concordante au nom, car rien ne révolte la jeunesse comme l'hypocrisie. Le Cercle se compose d'étudiants de toutes les grandes écoles de Paris, étudiants en droit, étudiants en médecine (dont le nombre va croissant tous les jours ; il y en a près de deux cents actuellement), étudiants en pharmacie, élèves des Beaux-Arts, élèves des écoles Polytechnique, Centrale, des Mines, des Chartes, de Saint-Cyr, de l'Institut agronomique, aspirants à la licence ès sciences ou ès lettres. Le nombre des membres actifs du Cercle s'élève à près de 600. Ce sont tous des jeunes gens qui se réunissent librement pour nouer entre eux ces amitiés profondes que l'on n'oublie jamais et qui aident à parfaire le rude chemin de la vie. Elles sont d'autant plus précieuses qu'on n'en retrouve plus de pareilles dans un âge plus avancé.

Vous le voyez donc, nous sommes avant tout une œuvre de préservation. Nous ne sommes organisés ni pour convertir ni pour régénérer les esprits dévoyés. Mais nous offrons à ceux qui ont le cœur sain et la volonté droite tous les moyens de trouver des amis qui ont la même foi, les mêmes aspirations, et qui s'appuient les uns sur les autres pour se soutenir mutuellement.

J'ajoute que nous sommes une œuvre complète, complète en ce sens qu'elle réunit tout ce qui est nécessaire au jeune homme catholique. Il pourrrait trouver ailleurs ou des bibliothèques, ou des salles de travail, — ici des conférences florissantes et bien organisées, — là des locaux pour la lecture ou pour le jeu. Nulle part il n'aura une pareille institution, où tout soit concentré, où il puisse satisfaire toutes ses aspirations légitimes, où l'on ait songé à tout : aux besoins du cœur par la prière et les œuvres de charité, à la culture de l'esprit par le travail, au repos et à la détente de l'organisme par les jeux, les distractions, même les exercices du corps.

A présent que vous connaissez notre œuvre il me reste deux simples questions à résoudre : cette œuvre est-elle nécessaire? — et si elle est nécessaire, quels sont nos devoirs, quelle doit être notre conduite vis-à-vis d'elle ?

Les œuvres pour la jeunesse ont toujours été nécessaires : elles le sont doublement à notre époque. Pourquoi? On pourrait répondre : parce que nos croyances sont combattues; parce que nous rencontrons au dehors l'indifférence, l'hostilité, la haine ; en un mot parce que le titre de catholique, loin de nous servir, est une raison de nous mettre à l'écart. Et pourtant, cette première raison m'effraie moins. Je ne crains pas la lutte pour la jeunesse : la lutte retrempe l'âme, renforce la volonté, rend les caractères virils et agissants. Ce dont j'ai peur pour nos jeunes gens, je vous le dirai franchement. Aux époques où la société est bien assise, où les principes généraux de la morale ne sont pas discutés, où les croyances sont honorées, où les diverses autorités imposent le respect, en un mot, où il circule de toute part une atmosphère vivifiante, on peut en quelque sorte abandonner le jeune homme à lui-même : il y a une conscience publique qui le redressera dans ses écarts, une force extérieure qui le ramènera tôt ou tard. Mais, quand on vit dans un temps où l'esprit humain, sous prétexte de liberté, secoue le joug des notions élémentaires du sens commun, — où l'originalité consiste à laisser le vrai et le beau pour l'absurde et le bizarre, — où l'autorité s'en va, en haut et en bas, dans la société, dans l'école, dans la famille, — où toutes les forces sociales (ce capital accumulé par dix-huit siècles de christianisme) sont dissipées follement, — où l'on ne parle plus à la jeunesse de sacrifice mais de jouissance, de dévouement mais de succès, d'enthousiasme mais de compromissions opportunes, ce jour-là, j'ai peur pour elle. J'ai peur que son âme s'étiole dans cette atmosphère viciée qui déprime tout. Je sens alors pour elle le besoin d'un autre milieu qui lui rappelle, par des exemples bien vivants, que l'on peut rester pur ; où elle apprenne que les grandes causes à servir attendent toujours la jeunesse et trouvent, Dieu merci ! des serviteurs fidèles. Il faut s'armer, se discipliner pour les défendre. Un pays a beau les méconnaître à un moment donné, il n'y en a pas moins éternelle gloire pour ceux qui ont soutenu ces causes vaincues et méprisées en apparence. Oui, qu'elle ne calcule pas trop, notre jeunesse française ; qu'elle ne soit point vieille avant l'âge, qu'elle se donne tout entière : le temps viendra où l'on aura besoin de ces hommes qui auront développé toutes les forces de leur intelligence et réservé toutes les énergies de leur cœur.

D'ailleurs ce besoin d'union est partout ressenti. Je vois, à côté de nous, une association générale de tous les étudiants de Paris. Elle comptait naguère près de 2000 membres et ne demandait que 12 francs de cotisation. Certes, il y avait place peut-être pour une grande association de tous les étudiants; mais elle était difficile à organiser, plus difficile encore à conduire à raison même de la diversité de ces étudiants qu'aucun lien puissant et intime ne réunit entre eux. En tous cas, je doute que celle qu'on a créée puisse compter beaucoup de catholiques. Parmi les avantages qu'elle présente, je ne vois guère que des avantages matériels, et il faut autre chose que des réductions de dentistes ou de restaurateur pour relier les âmes de la jeunesse française. Les mécomptes lamentables et retentissants qu'elle a éprouvés depuis en sont une preuve évidente. Non, les parents vraiment catholiques ne pourront engager leurs enfants à en faire partie : ils ne sauraient oublier que, si cette association s'interdit toute discussion religieuse dans ses statuts, elle a donné la présidence de ses banquets à des hommes comme MM. Rénan et

Zola et n'a cessé de saisir toutes les occasions de froisser nos croyances.

Nous aussi, nous pouvons, comme elle et plus qu'elle, offrir de sérieux avantages à nos membres : des leçons d'escrime, de danse, d'équitation à prix très réduit, des rabais considérables de fournisseurs recommandables à tous les titres, etc., etc. Mais ces profits matériels, qui ne sont point à dédaigner, ne sont chez nous que la partie accessoire. Nous, catholiques, nous avons un lien plus solide qui domine tout : la conformité de nos croyances qui amène l'unité du but à poursuivre, et l'union de tous les efforts pour l'atteindre. Là est le secret de notre force.

Nous visons haut pour nos jeunes gens, car nous avons l'idéal chrétien à leur proposer. Dans le banquet présidé par M. Renan à l'Association générale des Étudiants, il ne trouvait rien de mieux à recommander à ses jeunes convives que le *Gaudeamus*, le plaisir facile. Il est vrai que, dans ce même discours, il ajoutait : « Quelquefois on est heureux que les pensées que l'on a eues n'aient pas eu trop de conséquence ». (*Bulletin* n° 5, p. 6.) Oui, c'est heureux.

Je pourrais encore vous développer la théo-
rie politique de M. Renan, dans ce même
banquet : « Vis-à-vis des gouvernements
« nouveaux j'éprouve une espèce de respect
« humain, oui, je ne veux pas trop vite me
« rattacher à eux : j'ai peur qu'on ne me
« prenne, je veux dire que je ne me prenne
« moi-même comme ressemblant à quelqu'un
« qui court après la curée des régimes nou-
« veaux. J'ai toujours eu pour principe d'at-
« tendre une dizaine d'années pour voir comme
« cela les gouvernements devenir légitimes.
« Dix ans : après tout, cela paraît bien suffi-
« sant, et du reste c'est au bout de dix ans
« qu'un gouvernement commence à faire
« quelque chose de bon : jusque-là il est ap-
« pelé à payer les frais de son établissement.
« Mais savez-vous ce qui m'arrive avec ce
« principe que je ne vous engage pas du tout
« à suivre, et je vous donne sur ce point des
« conseils bien mauvais? C'est qu'au moment
« où je commence à me rallier aux gouver-
« nements, c'est-à-dire au bout d'une dizaine
« d'années, c'est le moment où ils commencent
« à faire leurs paquets, où tous les hommes
« qui ont quelque peu le sentiment politique

« s'écartent d'eux et leur tournent le dos, si
« bien qu'alors je suis occupé à escorter tous
« les gouvernements qui s'en vont..... Si, ce
« qu'à Dieu ne plaise, la République venait
« à tomber, je lui serais plus fidèle que les
« républicains de la veille, je lui serais en-
« core fidèle cinq ou six ans après qu'elle ne
« serait plus. »

Vous avouerez qu'il est heureux que toute
politique, et celle-là plus encore, soit com-
plètement interdite dans notre Cercle. Dans
les temps difficiles que nous traversons nous
avons conscience d'avoir maintenu avec fer-
meté sa neutralité absolue au milieu de tous
les partis qui divisent notre malheureux pays.

Il y a, en effet, autre chose à faire pour la
jeunesse française ; d'autres devoirs l'attendent ; de plus nobles missions lui sont réservées. — Il est besoin d'un autre milieu,
où l'on puisse lui proposer des avantages,
un peu moins matériels, un peu moins dan-
gereux ; où elle entende un autre langage
que celui de l'encouragement au plaisir. Je
ne parle pas ici de la vraie et franche gaieté ;
celle-là, nous la connaissons mieux que personne. Mais ce ne sont pas ces joies mal-

saines dont on nous parle qui rendent les individus énergiques et les peuples virils.

Voilà pourquoi notre œuvre est nécessaire. Et, si vous en êtes convaincus, que reste-t-il à faire ? Il reste à faire prospérer et grandir cette œuvre. Et pour cela, des devoirs s'imposent et à notre Cercle, et à vous, parents catholiques. Je vais être très court, pour ne pas abuser de votre bienveillante attention.

Pour notre Cercle, s'il veut demeurer fidèle à la mission que lui traçaient ses fondateurs, deux devoirs principaux lui incombent :

1° Rester toujours, et avant tout, franchement catholique, de nom et de fait. — Notre cher aumônier vous dira que notre œuvre n'a point failli à ce devoir. Elle a fait déjà beaucoup, elle est décidée à tout faire pour le remplir intégralement. Les actes parlent pour nous. N'avons-nous pas, entre autres, cette petite conférence Saint-Médard, créée au Cercle, une vraie perle. Vous pourriez voir, tous les dimanches au matin, de jeunes lycéens prendre librement quelques instants sur leur jour de congé et les consacrer, avec un zèle admirable, à une conférence de Saint-Vincent-de-Paul et à la visite des pauvres.

Les grandes conférences de Saint-Vincent-de-Paul comptent trois cents de nos membres comme associés. L'œuvre de la Mie de pain, les cercles d'ouvriers, les patronages, les secrétariats du peuple vous diront le sérieux appui qu'ils trouvent au milieu de nous. Notre Cercle, en effet, est pour les jeunes gens qui ont des croyances religieuses et qui, dans leur pleine liberté, veulent mettre leurs actes en harmonie avec ces croyances. Mieux que personne, ils savent pratiquer une large tolérance et respecter toutes les opinions sincères. Mais, membres d'une association libre, ils ont bien le droit de choisir ceux avec lesquels ils veulent vivre en pleine conformité de but et de goûts. Ils savent que les condescendances dangereuses nuisent à tous sans profiter à celui qui en serait l'objet, et que le vrai moyen de faire régner au milieu d'eux une franche cordialité est de pratiquer sans respect humain les doctrines qu'ils se font gloire de professer.

2° En second lieu, nous devons multiplier pour nos membres tous les avantages qu'il est possible de leur offrir, soit au point de vue du travail, soit au point de vue des délassements. Nous avons déjà réalisé beaucoup de progrès à cet égard. Nous avons pu diminuer la cotisation, la réduire de 84 francs à 54 francs, sur lesquels, hélas! nous n'en gardons que 45, l'État prélevant 9 francs de droit, pour notre plus grand déplaisir (1). — Nous avons créé de nouvelles salles de travail, des collections, etc. — Nous avons ajouté des soirées dramatiques à nos concerts extraordinaires. Nous tâcherons de faire mieux encore. Je puis du moins vous assurer, sans crainte d'être démenti, que nos étudiants ne s'ennuient pas chez nous.

Le Cercle connaît donc ses devoirs et les remplira. Mais il faut que vous nous aidiez à votre tour.

A vous, parents catholiques, nous vous demandons deux choses :

D'abord, de nous envoyer vos enfants, et, si vous êtes de province, nous vous prions instamment de les adresser à notre cher aumônier, M. l'abbé Fonssagrives, ou à M. le Président, non pas huit jours, non pas même trois jours après leur arrivée, mais dès le

______

(1) 20 % pour les cotisations et autant pour le loyer.

jour même de leur entrée dans Paris. Presque toujours ce sont les premières heures qui décident de la conduite à venir du jeune homme. Si vous lui parlez du Cercle quand sa vie est déjà organisée d'une autre façon, il est trop tard. Croyez-moi, ce conseil est dans votre propre intérêt. Peu importe, du reste, que ces jeunes gens soient inscrits aux Facultés catholiques ou aux Facultés de l'État, ils seront reçus chez nous au même titre et avec la même bienveillance.

Oui, parents catholiques, envoyez-nous vos enfants. Il faut que nous soyons nombreux. La jeunesse, comme la nature avant Pascal, a l'horreur du vide. Si nos salons sont pleins, les jeunes gens, y fussent-ils un peu pressés et bousculés, s'y trouveront bien. Chacun d'eux se sentira entraîné et renouvelé. Rien n'est communicatif comme l'enthousiasme de la jeunesse. Sans doute, ces salons seront un peu bruyants alors : quelques anciens, au premier abord, seront même tentés de trouver la houle désagréable. Mais, au fond, ils ne s'en plaindront pas. Il en est de cela comme des enfants ; on maugrée parfois quand ils font un peu de tapage, on gronde ;

et puis, dès qu'ils ne sont plus là, on les regrette et on les attend, car sans eux la maison serait si déserte et si froide!

A ce point de vue, nous n'avons qu'à remercier Dieu. Cette année nous avons eu 207 nouveaux membres. Jamais la rentrée des étudiants en médecine n'a été plus brillante. La vie déborde au Cercle : nous avons eu une moyenne de trois cent cinquante présences par jour. Aussi, nos salons deviennent trop étroits et si de généreux donateurs nous fournissaient le moyen de les agrandir, que d'améliorations nous pourrions réaliser dans cette ruche pleine de travailleurs.

Je serais sans excuse si je ne remerciais publiquement ici NN. SS. les Archevêques et Evêques de France qui nous ont prêté, dans leur haute bienveillance, un si précieux appui.

Je voudrais aussi que les anciens membres du Cercle conservassent un rôle actif et vinssent encore prendre part à nos travaux. Pourquoi, par exemple, ne les verrait-on pas, de temps à autre, venir à la Conférence Ozanam et faire un beau discours sur la question traitée. Ils seraient un modèle pour les nouveaux et relieraient le passé à l'avenir. Je suis prêt à m'entendre avec eux pour faire passer dans la pratique cette idée que je leur soumets.

Enfin, je demande aux parents catholiques une dernière faveur. Que ceux qui le peuvent s'inscrivent comme membres honoraires du Cercle. Moyennant une faible cotisation de 20 francs, ils auront ce titre. Je dois même ajouter qu'ils recevront l'équivalent de cette somme. Nous donnons pour eux un assez grand nombre de concerts et de soirées attrayantes qui, au dire d'amateurs experts, sont loin d'être sans valeur.

En même temps, ils nous rendront un triple service :

1° Ils nous apporteront l'appui moral de leur nom, ce qui est beaucoup. Ils s'intéresseront plus activement au recrutement de de notre Cercle et à la marche de notre œuvre.

2° Ils nous aideront par leurs relations, par leurs démarches, à trouver les ressources qui nous sont indispensables et à provoquer la création de bourses d'étudiants au Cercle.

3° Enfin, ils nous permettront d'équilibrer notre budget. Nous croyons encore à cette nécessité même à notre époque. La modique cotisation que nous demandons à nos adhérents est loin de suffire à nos dépenses. Et pourtant elle pèse déjà assez lourdement sur le budget toujours restreint d'un étudiant. Le Conseil municipal de Paris n'est pas tenté de nous allouer, comme à l'Association générale des étudiants, 2.000 fr. : nous ne nous en plaignons pas, car nous y gagnons la pleine liberté. M. Beluze a fait, il est vrai, un magnifique don au Cercle, mais un don en nue propriété seulement, qui ne produira que plus tard tous ses effets. Aussi, le Cercle aura, pendant quelques années encore, une situation pécuniaire lourde et difficile. Voilà pourquoi il est obligé de faire appel à tous ceux qui comprennent l'importance capitale de cette œuvre de préservation pour la jeunesse catholique. Il demande tous les concours et tous les dévouements.

Souvent, des étudiants de grande valeur, mais besogneux, sollicitent des admissions gratuites. Nous ne pouvons faire droit à toutes ces demandes, car le budget est là avec ses terribles nécessités. Le cœur nous saigne quand il faut refuser ces bonnes volontés qui seraient des forces vives pour notre association. Aussi, nous demandons à nos bienfaiteurs de créer des bourses d'étudiants en versant soit une simple somme de 54 fr. pour une bourse annuelle, soit le capital de 1.200 francs pour une bourse à perpétuité, dont ils seront libres de désigner le titulaire.

Enfin, je vous fais un appel encore plus pressant, à vous, Mesdames, et je vous supplie de vous inscrire comme dames patronnesses de nos conférences scientifiques et littéraires et de nos concerts classiques. Tous les mois d'hiver, nous avons un beau concert de musique classique. Trois fois par semaine, je vous le disais plus haut, les lundis, mercredis et vendredis à trois heures, nous avons des conférences scientifiques et littéraires faites par des hommes de haute valeur sur les sujets les plus divers, c'est une occasion de grands frais : frais de publicité, d'organisation, de salle, etc. Or, moyennant la modeste somme de 20 francs, vous recevrez le titre de dame patronnesse, et un certain nombre de places vous seront réservées dans ces conférences et ces concerts. Vous nous permettrez ainsi de donner plus d'extension à ces conférences et vous participerez largement à une œuvre sérieuse de défense sociale et de propagande religieuse. De plus, ce qui est inappréciable pour nous, vous connaîtrez mieux notre Cercle et toutes les ressources qu'il offre à la jeunesse croyante. Or, vous intéresser à notre œuvre, Mesdames, c'est en assurer le succès, car la mère chrétienne possède des trésors de sacrifice, déploie des merveilles de dévouement pour faire prospérer tout ce qui touche à l'avenir et au salut de son enfant.

C'est par la réunion de tous les efforts, de toutes les bonnes volontés que le Cercle pourra remplir sa mission.

Sa mission, dans le passé, a été de jeter aux quatre coins de la France des hommes agissants : vous les trouveriez encore à la tête de toutes les œuvres chrétiennes dans les villes de province les plus reculées ; vous les trouveriez à Paris, dans la Chambre et le Sénat, défendant les grandes causes qui nous intéressent, sans se décourager jamais ; dans la magistrature, surtout avant qu'on ait songé à l'épurer, rendant des arrêts et non pas des services, ce qui en a fait révoquer bon nombre ; dans l'armée, où ils ont noblement versé leur sang pour la patrie au jour du danger ; dans toutes les carrières libérales, en un mot, partout où il y a du bien à faire, l'Église à défendre, le pays à servir.

Sa mission, dans l'avenir, est la même que celle qu'il a si bien remplie dans le passé, c'est de former des hommes au cœur droit, à la volonté libre et énergique, sans peur et sans faiblesse, sans défaillances opportunes. Et croyez-vous que le temps n'approche pas où l'on aura besoin de ces hommes-là ? Si vous le croyez, aidez-nous donc à faire prospérer et grandir l'œuvre qui se fait gloire d'en avoir formé beaucoup, et qui, avec l'aide de Dieu, espère en former plus encore !

RAPPORT

DE M. L'ABBÉ FONSSAGRIVES (1)

Messieurs,

Mon excellent président et ami, M. Terrat, vient de vous entretenir de l'organisation du Cercle et de vous montrer l'influence que notre association peut avoir sur les destinées de la société contemporaine.

Mon rôle se trouve donc bien simplifié et ma tâche toute tracée.

Ce n'est pas seulement *au Cercle même*, que chacun de nos membres doit, s'il veut être fidèle à l'esprit de notre institution, poursuivre l'apprentissage de son métier d'homme social, c'est-à-dire d'homme dévoué au service de l'humanité.

Cet apprentissage, sans doute, peut com-

(1) Ce rapport a été présenté par M. l'abbé Fonssagrives au Congrès des membres de la Société d'économie sociale.

mencer ici, sans que nos étudiants aient rien à changer à leurs occupations ordinaires, sans que le cours régulier de leurs études spéciales puisse être interrompu. Ils n'auront en effet qu'à suivre assidûment ces conférences de droit, de médecine, de lettres et de sciences dont vous parlait M. Terrat, et dans lesquelles domine toujours, avec le désir d'acquérir les connaissances techniques, la généreuse ambition de découvrir l'appoint effectif que chaque connaissance acquise apportera aux idées supérieures qui font les nations grandes et fortes.

Un étudiant en médecine, par exemple, apprendra dans sa conférence qu'il ne suffit pas d'étudier le mécanisme humain et d'en pénétrer les merveilleux secrets, mais qu'il est absolument nécessaire de chercher — pour me servir de l'expression de l'un des vôtres — à travers les souffrances, l'œuvre du vice et de l'iniquité, de découvrir et de nous rappeler les conditions de l'activité normale, les exigences de la vie, ce qu'il faut à l'homme pour se développer et ce que l'on paie la méconnaissance des lois les plus élémentaires.

Ainsi l'esprit spiritualiste et chrétien peut faire d'une conférence purement technique une école d'apprentissage au rôle social que les hommes de demain auront à exercer autour d'eux; rien d'étonnant si les étudiants catholiques, incessamment rappelés au sentiment de leurs devoirs futurs, échappent au danger de cet esprit de critique à outrance si fort à la mode aujourd'hui, à cette analyse morbide qui se résume trop souvent pour leurs camarades, ou bien en un dilettantisme intellectuel sous lequel se dissimule mal un égoïsme profond, ou bien en un découragement capable de briser tous les ressorts de l'énergie humaine.

Je n'insiste pas davantage, messieurs, sur les ressources offertes *au Cercle même* à la jeunesse de nos grandes écoles; je ne ferais que répéter en moins bons termes ce que M. Terrat vous a si éloquemment démontré; je désire simplement vous prouver que les membres de notre association savent trouver, en *dehors même du Cercle*, le moyen de tourner vers l'action sociale les facultés de leur intelligence, les forces de leur volonté, les richesses et les générosités de leur cœur.

Messieurs,

Les œuvres auxquelles les membres du Cercle catholique des étudiants consacrent leurs loisirs sont au nombre de cinq :

Les Conférences de Saint-Vincent de Paul;

Les Patronages d'apprentis et d'écoliers appartenant aux Écoles communales ;

Les Conférences populaires et les cours du soir ;

Les Secrétariats du peuple ;

Enfin l'Œuvre de la mie de pain.

Que cette énumération ne vous effraie pas, messieurs !

Je dirai peu de choses de chacune de ces œuvres : votre société s'est en effet rencontrée maintes fois avec plusieurs d'entre elles je me bornerai donc simplement à indiquer la participation que nos étudiants leur apportent et les résultats qu'ils obtiennent.

I

LES CONFÉRENCES DE SAINT-VINCENT DE PAUL

Nous avons au Cercle trois conférences de

Saint-Vincent de Paul (1) : deux sont réservées aux étudiants ; la troisième est composée de lycéens, internes pour la plupart, et se tient ici même tous les dimanches à huit heures du matin.

Ces trois conférences visitent à peu près cent cinquante familles qui reçoivent chaque semaine à domicile avec un morceau de pain la parole du chrétien : la parole qui relève vers le ciel les fronts courbés vers la terre et panse les cœurs que les luttes de la vie ont meurtris. Les familles secourues habitent les quartiers Mouffetard, Notre-Dame de la Gare et Saint-Marcel de la Maison-Banche. Je m'en voudrais, messieurs, de ne pas donner une mention spéciale à la Conférence de Saint-Vincent de Paul qui se tient aux Lilas.

Connaissez-vous les Lilas, messieurs ? — ce coin de la banlieue au nom charmant, qui se cache derrière Ménilmontant, entre Romainville et Pantin, autrefois rendez-vous

(1) Le lundi à 8 h. 1/2 la Conférence Notre-Dame de la Gare. Le vendredi à 8 h. 1/2 la Conférence Saint-Marcel de la Maison-Blanche ; le dimanche à 8 h. 1/4 du matin la petite conférence Saint-Médard des lycéens.

joyeux des Parisiens, devenu maintenant, de par les progrès de la civilisation, un centre industriel tout hérissé de cheminées d'usines, tout noir de fumée, plus noir encore au point de vue moral et religieux, sinistre au point de vue de la misère. Une trentaine de familles pauvres y reçoivent des secours, malheureusement insuffisants, grâce au dévouement de quelques-uns des nôtres que ne rebute pas la distance : une heure et demie d'omnibus pour aller, une heure et demie d'omnibus pour revenir.

Si vous ajoutez ces trente familles à la liste de celles adoptées par les Conférences du Cercle, si vous additionnez avec ce total le chiffre des familles secourues par nos jeunes gens inscrits dans les diverses conférences de Paris, vous aurez pour résultat : *quatre cents familles visitées chaque semaine* par nos étudiants catholiques malgré le temps et la distance ; ce qui représente un peu plus de 20,000 francs distribués en bons de pain ou de fourneaux (20,800 francs pour être exact).

Ne dites pas à nos jeunes gens que ce qu'ils font est beau : ils vous répondront qu'ils ont été bien récompensés de leur peine : leur foi s'est accrue quand s'est épanouie dans leur cœur cette fleur pure de la charité que les soins et les exemples de leur mère y avaient depuis longtemps fait mystérieusement germer; leur piété est devenue en même temps plus profonde, et tous ont senti la vérité de cette belle parole de Bossuet : « Ne combattez pas les doutes par des raisons ni par des disputes mais par des œuvres. »

Adressez-vous plutôt aux indigents qu'ils visitent : ceux-ci vous diront ce que me disait un vieillard : « Chaque fois que l'un de ces messieurs pénètre dans ma pauvre mansarde, c'est comme un rayon de soleil. »

Je sais, messieurs, qu'on nous objectera le temps dépensé en de telles œuvres ; mais il nous est permis d'affirmer que les plus beaux succès aux examens d'internat, aux concours si difficiles de la Faculté de droit aussi bien que les premières places aux Écoles des Mines, des Ponts et Chaussées ou à l'Institut agronomique ont été obtenus par ceux de nos membres qui donnaient le plus bel exemple de la générosité chrétienne.

Laissez-nous donc répéter à ceux de nos étudiants qui demeurent encore — alléguant

leurs travaux et la multiplicité de leurs occupations — en dehors de ce mouvement
charitable : « Ne craignez pas, mes amis,
pour le succès de vos études d'apprendre trop
tôt à connaître et à aimer les pauvres et les
souffrants : la vue du bien qui se fait, du bien
qui reste à faire, ouvre à l'intelligence comme
à l'âme de nouveaux et secrets horizons : le
spectacle de la souffrance humaine, par le
pessimisme sain qu'il engendre, est encore la
meilleure digue à ce double courant qui en-
traîne vos camarades : désarmés en présence
des maux de cette vie, ils se laissent aller
soit à un optimisme qui n'est que le sourire
de l'ignorance, soit à un scepticisme qui fa-
vorise l'inaction et se résume en égoïsme.
Vous, au contraire, agissez : entrez résolu-
ment en contact avec la misère et faites ainsi, dès à présent, votre apprentissage d'homme
social, c'est-à-dire de chrétien. »

Je vous demande pardon, messieurs, de
m'être ainsi laissé entraîner et d'avoir oublié
un instant mon rôle de rapporteur. Ces conseils d'ailleurs ne sont pas nouveaux : des
voix éloquentes les ont souvent répétées au
quartier Latin. Il n'est pas une seule grande

réunion par-exemple tenue à l'Association générale des étudiants où — depuis M. Lavisse jusqu'à M. E. Zola — on n'ait parlé aux hommes de demain de la nécessité d'entrer en contact avec les pauvres. Je ne sache pas que de semblables discours aient trouvé, en dehors de l'Ecole normale et de l'Ecole polytechnique, le moindre écho. Je ne regrette pas la comparaison qui va s'établir dans vos esprits entre ce que nos étudiants catholiques, héritiers de la pensée d'Ozanam, ont réalisé et ce que d'autres ont désiré vainement accomplir. Je me permets d'insister sur ce point, — non pas certes dans l'intention de blesser les susceptibilités légitimes de personnes qui veulent sincèrement le bien — mais afin que ma parole, répétée avec l'autorité qui s'attache à votre Société, aille éveiller de généreuses émulations chez tous ceux qui, ne connaissant pas nos conférences de Saint-Vincent de Paul, ignorent que le meilleur mode d'initiation à la vie sociale est encore *la visite* aux victimes des maux auxquels vous désirez porter remède.

II

LES PATRONAGES

Ce n'est pas seulement par les Conférences de Saint-Vincent de Paul que s'exerce l'activité des membres de notre Cercle ; les directeurs d'un certain nombre de patronages d'écoliers ou de jeunes apprentis trouvent en eux des collaborateurs dévoués.

Je n'ignore pas, messieurs, que vous avez mis à votre ordre du jour de demain : la visite à l'un de ces patronages, et je ne veux pas déflorer l'excellente impression que vous éprouverez lorsque notre ami M. Duval-Arnould vous montrera par quelles merveilleuses industries la charité catholique s'efforce d'arracher les enfants de la classe ouvrière au vice et à la débauche.

Le patronage de Notre-Dame de Grâce n'est cependant pas — et je le regrette pour ma part — l'un de ceux où nos étudiants exercent leur apostolat ; laissez-moi donc vous dire quelques mots des œuvres similaires qui sont exclusivement dirigées par des membres de notre association. Dans les patronages de

Sainte-Rosalie (1), Saint-Joseph de la Maison Blanche, Saint-Joseph de Vanves, des Lilas, plus de deux mille écoliers ou apprentis se trouvent en relations directes avec un grand nombre de nos jeunes gens. Ce chiffre est plus que quintuplé si vous tenez compte du concours apporté par les membres du Cercle à d'autres patronages (2).

Si vous désirez savoir ce que font dans ces sortes de réunions nos étudiants, je vous invite très simplement à vous en rendre compte par vous-mêmes; ou, si vous ne pouvez le faire, à lire le bulletin de la commission des patronages rédigé par quelques-uns des nôtres, bulletin des plus intéressants, destiné à servir de lien et comme de centre de renseignements aux œuvres qui nous occupent actuellement.

Le jeudi, dans les patronages, appartient exclusivement aux élèves des Écoles communales; c'est pour les étudiants la journée la plus fatigante, la plus méritoire, mais c'est

(1) Sainte-Rosalie, rue Corvisart, 43; Saint-Joseph de-la Maison-Blanche, rue Bobillot. 62; Saint-Joseph de Vanves, rue de Vanves, 179; Les Lilas.
(2) V. G. — Sainte-Mélanie, Nazareth, Montmartre Saint-Paul, etc., etc.

peut-être la plus importante. Recevoir et garder pendant six heures entières les jeunes sauvages qui vagabonderaient sans cela sur les talus des fortifications; les policer, les discipliner, en se mêlant à leurs jeux; ouvrir à la vie affective ces natures en apparence brutales et renfermées; leur enseigner les premiers mots du catéchisme; leur faire connaître l'existence de Dieu et la vie future que la plupart ignorent, c'est une dure tâche. messieurs; mais que ne peut le dévouemen de ceux que les directeurs de patronages appellent leurs *confrères?* — Et quelle satisfaction aussi quand on voit, après deux ou trois années d'efforts suivis, les enfants auxquels on s'est dévoué devenir des apprentis sérieux qui seront plus tard d'honnêtes ouvriers!

Nous ne sommes pas ici, messieurs, au royaume d'Utopie, mais en belle et pleine réalité. Je demandais un jour à M. de Coulonge, l'un des plus expérimentés directeurs de patronage, si les résultats correspondaient aux sacrifices qu'il s'imposait : « Il n'est pas un seul ouvrier, me réponpit-il, conservé au patronage depuis son enfance jusqu'à sa vingt et unième année, qui ne soit revenu nous trouver après son service militaire ! »

C'est qu'en effet, messieurs, nos patronages ne sont pas exclusivement destinés aux écoliers. Ceux-ci nous reviennent sans doute le dimanche ; ils retrouvent les mêmes jeux, les mêmes occupations, si le caractère confessionnel de l'œuvre à laquelle ils sont inscrits s'affirme davantage par la messe du matin et l'instruction religieuse du soir à la chapelle ; mais à côté des écoliers, nous rencontrons un grand nombre de jeunes ouvriers et d'apprentis — ceux du moins auxquels les patrons accordent le repos dominical. Que de choses je pourrais vous dire, messieurs, sur la façon dont sont violées impunément à Paris les lois de 1874 et 1892 !... Mais le temps me presse et je dois me borner à vous indiquer le rôle joué dans un patronage par nos étudiants.

L'un dirige le contrôle et constate l'assiduité des patronnés ; un autre tient la caisse d'épargne qui reçoit les dépôts à partir de 0 fr. 10. Ces dépôts seront placés par les soins du directeur de l'œuvre à la Caisse d'épargne, mais au lieu de l'intérêt de 2 1/2 0/0 que donne l'institution de l'État, rapporteront

4 0/0 ; — celui-ci s'occupe de la distribution des tracts ou de la bibliothèque dont les livres seront prêtés chaque dimanche et pourront être gardés trois semaines ; celui-là préside au vestiaire où se trouvent les vêtements destinés aux pauvres du quartier et péniblement recueillis un à un dans tout Paris ; — tels vont visiter les parents des patronnés afin de maintenir les relations nécessaires à toute direction religieuse et morale, tels autres restent dans la cour, organisant les jeux ou se faisant les confidents et les conseillers des apprentis dont ils deviennent les mentors. Quelques étudiants (1) ont accepté la mission de rechercher partout et sans cesse des emplois vacants pour placer en lieu sûr les enfants auxquels ils s'intéressent. Dès qu'une place d'apprenti leur est signalée, ils font une enquête sur la moralité du patron, sur la tenue de l'atelier, et si cette enquête est favorable, ils vont trouver le fabricant, s'informent des conditions que doit remplir l'apprenti demandé, qu'ils n'ont pas ensuite de peine à trouver parmi les 500

(1) Voir un intéressant article du *Journal des Débats* sur le patronage de la Maison-Blanche, février 1894.

ou 600 enfants inscrits au patronage. La seule condition imposée est l'observation du repos du dimanche. Une fois en apprentissage l'enfant n'échappe pas à l'action bienfaisante du *confrère :* un livret lui est remis sur lequel, à la fin de la semaine, le patron inscrit la note *mal, assez bien, bien* ou *très bien.* Ce livret, l'enfant doit le montrer chaque dimanche au patronage et recevoir, avec des bons points correspondant aux notes, les félicitations, les encouragements ou les reproches amicaux de l'étudiant qui s'est occupé de lui.

Il me paraît inutile, messieurs, d'insister sur les résultats que peuvent avoir de semblables relations. Une amitié faite de dévouement de la part du confrère, de reconnaissance respectueuse mais bien vraie et bien profonde de la part du patronné ne tarde pas à s'établir entre l'apprenti et l'étudiant. Je pourrais en citer des traits touchants... mais comment renfermer en un rapport de quelques pages ce qui ferait la matière d'un volume ?

Je ne puis passer sous silence, Messieurs, les conférences qui se font le dimanche dans les différentes sections de l'œuvre. Ici, un étudiant en médecine se transforme en professeur d'hygiène et enseigne les premiers éléments de cette science trop méconnue rue Mouffetard, à la barrière d'Italie, aussi bien qu'à Plaisance ; là, c'est un étudiant en droit qui vulgarise l'économie sociale et la met à la portée de ses jeunes auditeurs ; ailleurs, c'est un étudiant en histoire qui répond aux questions multiples qui lui sont posées. Ces conférences se terminent le plus souvent en un dialogue qui montre aux ouvriers qu'il y a bien un labeur intellectuel comme il y a un labeur manuel, un travail du cerveau souvent plus pénible que le travail des muscles, que les étudiants, en un mot, ont autre chose à faire que de fréquenter les brasseries du quartier Latin. Hâtons-nous d'ajouter que tels ou tels de nos anciens membres, autrefois confrères de patronage, ont fait dans ces conférences de section l'apprentissage de la parole publique et comptent aujourd'hui au Parlement ou dans la Presse parmi les plus éloquents défenseurs de la saine doctrine sociale.

J'en aurai fini avec les patronages lorsque je vous aurai signalé l'existence des conférences de Saint-Vincent de Paul composées par les apprentis qui se trouvent dans chacune de nos œuvres. Elles sont présidées par un étudiant qui est désigné pour apprendre aux jeunes ouvriers la charité, et qui reçoit au contraire presque toutes les semaines de ses élèves d'admirables leçons de générosité, de dévouement et d'abnégation.

Que ceux qui croient que la source du sacrifice et du désintéressement est pour jamais tarie en France aillent dans ces conférences de Saint-Vincent de Paul d'apprentis et ils verront les trésors cachés dans les cœurs de ces ouvriers que les écrivains naturalistes n'ont jamais sérieusement interrogés.

Vous le voyez, Messieurs, ce ne sont pas les occasions qui manquent à nos jeunes gens pour exercer en dehors de ce cercle leur activité et déployer dans une heureuse spontanéité toutes les énergies de leur intelligence et tous les élans de leur cœur. Il me reste à vous dire deux mots des Écoles du soir et des Secrétariats du peuple.

III

LES ÉCOLES DU SOIR

M. le comte de Vorges, dont le Tout-Paris charitable connaît le dévouement et la haute intelligence, eut, il y a trois ans, la pensée de faire appel au zèle des étudiants pour créer, dans les quartiers les plus pauvres, des écoles du soir. Compléter l'instruction de l'apprenti ou du jeune employé, afin de leur permettre de s'élever dans la carrière qu'ils ont choisie ; les perfectionner dans l'étude du dessin, des langues vivantes, de la comptabilité, de la langue française, des mathématiques, de l'histoire, etc., etc., tel est le but de l'œuvre dirigée par M. de Vorges.

Cette œuvre devait trouver au Cercle catholique des étudiants de nombreuses sympathies. Nous nous souvenions en effet que notre fondateur, M. Beluze, en 1849, avait été le premier, avec l'abbé Henri Perreyve et un polytechnicien, à fonder une école du soir dans un local voisin de l'église Saint-Nicolas du Chardonnet : cette école, après avoir été fort suivie, n'avait pu se soutenir ; mais l'idée était bonne : elle devait être reprise.

Les succès obtenus par les écoles populaires de Grenelle, de Plaisance, des Batignolles et de Charonne ont montré que l'œuvre de M. de Vorges était pratique et répondait à une véritable nécessité. Certaines de ces écoles, en effet, ne comptent pas moins de 140 à 150 élèves. J'ai été heureux de constater l'inscription, au nombre de leurs professeurs volontaires, de plusieurs membres de notre association : les uns ont donné un enseignement suivi, les autres ont fait, à de rares intervalles, des conférences sur des sujets spéciaux ; je suis persuadé que notre ami M. Coste verra s'augmenter le chiffre de ses collaborateurs.

L'œuvre des Écoles du soir est encore à ses premiers débuts : elle compte pour vivre et pour se développer sur le dévouement des étudiants catholiques : ce dévouement ne lui fera pas défaut.

Les membres du Cercle, messieurs, n'entrent pas seulement en contact avec le peuple par les Conférences de Saint-Vincent de Paul, les patronages, les écoles du soir et les

conférences populaires publiques ou contra-
dictoires dans lesquelles quelques-uns d'entre
eux ne craignent pas de se mesurer avec les
socialistes, voire même avec les anarchistes.
—Le président de notre Conférence Ozanam,
M. Joseph Ménard, m'en aurait voulu si j'a-
vais passé sous silence ce moyen puissant
d'action sociale. — Nos amis ont encore
contribué, dans deux quartiers de Paris, à
une œuvre modeste mais d'une utilité incon-
testable : *Les Secrétariats du peuple.*

IV

LES SECRÉTARIATS DU PEUPLE

Les Secrétariats du peuple ont pour but de
servir à l'ouvrier de bureau de renseignements et de remplacer les cabinets d'affaires
véreux qui pullulent dans les quartiers pauvres de Paris.

Il y a sans doute une œuvre admirable :
l'*Office central des Institutions charitables*, dirigée par un ancien membre du Cercle,
M. Lefébure ; mais cette œuvre est encore

peu connue, ou du moins elle n'est pas appréciée à sa valeur, par la masse de la population ouvrière. Les Secrétariats du peuple, organisés dans un quartier, sauront frapper à la porte de l'Office central dans les cas difficiles ; ils le suppléeront dans les cas ordinaires.

Un ouvrier (1) veut-il faire entrer son vieux père, sa mère infirme à l'hospice ou aux Petites Sœurs des pauvres ; a-t-il charge d'orphelins à placer dans un bon établissement ; veut-il faire partie d'une société de secours mutuels, d'un patronage, d'un cercle catholique ; a-t-il des démarches à faire pour régulariser un mariage, opérer une naturalisation ; a-t-il un enfant aveugle. sourd-muet ; désire-t-il se procurer de bons livres pour passer agréablement son dimanche?... Ce sera pour lui chose facile : il n'aura qu'à s'adresser à l'ouvrier délégué de quartier du Secrétariat du Peuple, qui le recommandera aux directeurs de l'œuvre.

(1) S'adresser pour renseignements complémentaires à l'Union fraternelle, 14, rue des Petits-Carreaux, Paris ; au Secrétariat du Peuple de la Maison-Blanche, rue Bobilot, ou bien à celui du Panthéon, impasse aux Bœufs.

Une ou deux fois par semaine, — je ne parle que de nos Secrétariats — à 8 heures et demie du soir, des étudiants se tiendront à la disposition du demandeur afin de le renseigner ou de l'aider à remplir les formalités nécessaires pour arriver à l'Institution dont il sollicite les secours.

Là ne se borne pas, messieurs, la tâche de ceux de nos étudiants qui se sont dévoués à l'œuvre du Secrétariat du peuple : impasse aux Bœufs, ou rue Bobillot, 71.

L'ouvrier a souvent besoin d'un conseil, il désire un avis : il a une difficulté juridique à résoudre, une contestation avec son propriétaire, une réclamation à faire contre sa cote d'impôts, un petit héritage à recueillir. — Des embarras de famille, un deuil imprévu, un prêt imprudent le mettent dans la nécessité de recourir aux gens d'affaires. — Une compagnie d'assurances contre les accidents (et le cas est fréquent) refuse de lui accorder l'indemnité à laquelle il a droit : où va-t-il trouver le conseil utile et pratique ? Ne risque-t-il pas d'être poussé aux frais, aux procès dont vivent aux dépens des malheureux quantité d'individus ? Ne va-t-il pas demeurer de longs mois avant d'avoir pu obtenir l'assistance judiciaire?

C'est alors qu'intervient le Secrétariat du peuple, et que ses membres font appel aux connaissances juridiques ou à l'intervention de nos jeunes avocats et de nos docteurs en droit.

Pour vous donner une idée des services rendus par les institutions du genre de celle dont je parle, je prends la statistique du Secrétariat du peuple du quartier de la Maison-Blanche, exclusivement dirigé par les membres de notre association. Ce secrétariat, fondé depuis moins d'un an, a déjà donné 325 consultations juridiques. Nos étudiants se sont tenus chaque semaine à la disposition de tous ceux — on ne regarde pas à la religion et aux opinions politiques — de tous ceux qui ont eu besoin de trouver des concours gratuits pour certains offices, correspondances ou démarches que le manque d'instruction ou de relations leur aurait rendues impossibles.

Les clients du Secrétariat du peuple ont été accueillis avec sympathie; on s'est efforcé de leur être utile, et nos jeunes gens ont conquis l'admiration du fondateur même des secrétariats, M. Léon Harmel — M. Léon Harmel que l'on retrouve chaque fois qu'il s'agit d'une œuvre catholique, d'une œuvre utile à la classe ouvrière.

V

LA MIE DE PAIN

En vous parlant des patronages, messieurs, je vous disais qu'une merveilleuse émulation pour le bien s'était établie entre les jeunes ouvriers et les étudiants. Je vous en donnais comme preuve l'existence des conférences de Saint-Vincent de Paul composées d'apprentis; l'œuvre, dont j'ai à vous entretenir en terminant ce trop long rapport, vous en fournira un gage encore plus touchant.

Vous avez peut-être remarqué, il y a quatre mois, messieurs, cette gravure d'un journal illustré qui, pendant quelques jours, offrait aux devantures des kiosques de Paris un si heureux contraste avec les dessins malsains dont sont trop souvent frappés nos regards.

Une salle fumeuse, un grand nombre de miséreux assis à des tables de bois blanc : tous portent sur leur visage les traces de la faim et du froid : autour d'eux des jeunes gens, ayant sur la tête le béret d'étudiant, un tablier à la ceinture, s'empressent et apportent des gamelles toutes débordantes de soupe. Les femmes et les enfants sont les premiers servis, puis vient le tour des vieillards, enfin celui des ouvriers sans travail. Le dessin est d'un réalisme saisissant. Au-dessous, en gros caractères : *La charité des étudiants à la Butte-aux-Cailles.*

L'auteur de ce dessin ne m'en voudra pas si je me permets de lui faire une double observation. Son œuvre eût été plus exacte s'il eût conservé, tranchant sur la peinture rouge du fond de la salle, l'image du crucifié qui semblait dominer l'assistance entière laissant tomber de ses lèvres divines ces deux paroles sublimes : « O pauvres, j'ai pitié de la foule ! Chrétiens, aimez-vous les uns les autres ! » D'autre part l'exergue eût été complète, si le journaliste l'eût ainsi formulée : *La charité des étudiants du Cercle catholique et des ouvriers du patronage Saint-Joseph.* Le dessin n'y eût rien perdu à mon avis; la vérité y aurait certainement gagné. C'est qu'en effet, messieurs, nos étudiants n'ont pas été les seuls à préparer et à distribuer les soupes que les malheureux venaient réclamer pendant les froids rigoureux de cet hiver, aux heures où les hospitalités de nuit étaient fermées.

L'Œuvre de la mie de pain, — c'est le nom qu'on lui a donné — a été et demeurera l'œuvre commune des ouvriers du patronage Saint-Joseph et des étudiants du Cercle catholique. Les uns et les autres se sont mis à la disposition de notre ami Paulin Enfert — qu'il me permette de le nommer, car c'est pour moi l'occasion d'acquitter une véritable dette de reconnaissance : si la charité est devenue en quelque sorte contagieuse au Cercle du Luxembourg comme au patronage, n'est-ce pas à son exemple et à ses conseils que nous devons en faire remonter en grande partie l'honneur? — Apprentis et étudiants ont également épluché les légumes, taillé le pain, cuit la soupe, et ont également participé à sa distribution. Et les uns et les autres ne cédaient pas à un mouvement momentané de généreux enthousiasme; leur charité comme leur émulation a duré quarante jours, quarante jours pendant lesquels 8.170 soupes (325 par jour en moyenne), près de 9,000 bons de pain, et 1,480 vêtements ont été distribués aux malheureux.

Quelques-uns de nos anciens membres nous sont venus en aide; le reste de nos ressources ne nous a pas été donné par l'Assistance publique; nous l'avons dû à l'assistance individuelle qui s'est manifestée par des faits admirables. Je n'en veux citer qu'un exemple; il vous prouvera d'ailleurs que l'argent mis dans cette œuvre n'était pas de l'argent mal placé. Un soir les deux agents de police qui stationnaient à la porte afin de maintenir le bon ordre entre les deux fournées remirent entre les mains du directeur une pièce de cinq francs, — « Excusez-nous de ne pouvoir faire davantage, c'est le produit d'une petite collecte entre nous. Nous nous connaissons en malheureux, nous autres. Et nous savons que ceux qui viennent ici méritent vraiment d'être secourus! »

Je crois, messieurs, avoir accompli ma

tâche et vous avoir prouvé que les étudiants catholiques de ce cercle ne perdent aucune occasion de se mettre en contact avec le peuple. Ils laissent à leurs camarades socialistes les réunions bruyantes où des fils de bourgeois, — assez bien pensionnés cependant par leurs parents pour pouvoir suivre assidûment les cafés du quartier Latin, — viennent pérorer sur les victimes de la société actuelle. A d'autres les phrases creuses et les vains discours; nos étudiants n'ont, eux, qu'une seule ambition : se préparer, par l'exercice d'une charité pratique et agissante au rôle social qui leur incombera plus tard.

Il n'est pas un seul mot de ce rapport qui ne soit rigoureusement exact; je suis plutôt demeuré en dessous de la vérité. Mais ce que j'ai dit suffit et amplement, Étudiants, mes chers amis, pour vous venger des attaques de ceux qui ne cessent de vous représenter — en des journaux même relativement modérés — comme des jeunes gens riches, oisifs, uniquement occupés à la recherche des plaisirs et des jouissances de la vie d'étudiant à Paris...

Ces quelques pages prouvent au contraire que vous avez au plus haut degré le sentiment de votre devoir social ; je vous les devais ; et je vous les dédie avec la pensée qui faisait dire au poète :

— Eh bien, oui ! si puissant que soit le ridicule,
Si mauvais air qu'on ait à bien parler de soi,
C'est assez qu'en hésite et trop que l'on recule
Lorsque l'orgueil est juste et que l'esprit est droit.

29838 — Paris. Imprimerie F. Levé, rue Cassette, 17.

RÈGLEMENT DES CONFÉRENCES [1]

DU

CERCLE CATHOLIQUE DES ÉTUDIANTS

LUNDI   à 3 h. du soir. Conférence littéraire, dans la grande salle du Cercle.

à 5 h. 3/4 soir. Causerie philosophique, dans la salle Ozanam.

à 8 h. 1/2 soir. Conférence Fonssagrives (Étudiants en Médecine), dans la salle Ozanam et ses annexes.

à 8 h. 1/2 soir. Conférence Saint-Vincent-de-Paul (visitant le quartier Notre-Dame de la Gare), dans la bibliothèque.

MARDI   à 8 h. 1/2 soir. Conférences Ozanam (parole publique), dans la salle Ozanam.

MERCREDI   à 3 h. soir. Salon des Œuvres (conférence sur une œuvre catholique ou sociale), dans la grande salle du Cercle.

à 8 h. 1/2 soir. Conférence Cauchy (Étudiants en Sciences).

[1] Ces conférences sont facultatives : les membres du Cercle sont absolument libres d'y assister ou de ne pas y paraître.

Jeudi   à 8 h. matin. Messe dans l'oratoire du
               Cercle.

               à 8 h. 1/2 soir. Conférence Daguesseau
               (Étudiants en Droit), dans la salle
               Ozanam et ses annexes.

Vendredi à 3 h. soir. Conférence littéraire dans
               la grande salle du Cercle.

               à 8 h. 1/2 soir. Conférence Saint-Vin-
               cent-de-Paul (Saint-Marcel de la
               Maison-Blanche), dans la salle Oza-
               nam.

               à 8 h. 1/2 soir. Concert ou orchestre
               dans la grande salle du Cercle.

Samedi   à 8 1/2 soir. Conférence Joubert (Étu-
               diants en Lettres), dans la salle
               Ozanam.

Dimanche à 8 h. 1/2 matin. Petite conférence
               Saint-Vincent-de-Paul de Saint-Mé-
               dard (visitant le quartier Mouffe-
               tard).

               à 9 h. matin. Messe dans l'Oratoire du
               Cercle.

               à 9 h. soir. Soirée intime.

Pour les jours et heures des leçons d'Équitation, d'Escrime, de Danse, s'adresser au Secrétariat du Cercle.

www.ingramcontent.com/pod-product-compliance
Lightning Source LLC
Chambersburg PA
CBHW061244050726
47594CB00004B/1359